LA BAGUE

ET

LA LEVRETTE

—◦✕◦—

LILLE

LEFORT, IMPRIMEUR - LIBRAIRE

—◦✕◦—

LA BAGUE

Comme Diane était accoutumée à s'éloigner
et à revenir d'elle-même, je croyais......

LA BAGUE

ET

LA LEVRETTE

EN DEUX ACTES

SECONDE ÉDITION

LIBRAIRIE DE J. LEFORT

LILLE	PARIS
rue Charles de Muyssart	rue des Saints-Pères, 3o
PRÈS L'ÉGLISE N.-DAME	J. MOLLIE, LIB.-GÉRANT

Tous droits réservés.

PERSONNAGES :

M. DE CALVIÈRES.

SÉRAPHINE, sa fille.

EUSTACHE, son fils.

LÉON,
RUFIN, } amis d'Eustache.

———

La scène est dans l'appartement des
enfants de M. de Calvières.

LA BAGUE

PREMIER ACTE

—

SCÈNE I

SÉRAPHINE *seule*.

SÉRAPHINE. Ah ! ma fidèle Diane ! je ne saurais plus, sans toi, faire un seul point de broderie. C'était là, dans cette corbeille, que tu étais couchée à mon côté pendant mon travail. Quelle joie pour nous deux lorsque tu te réveillais ! tu courais, en secouant ton grelot, sous le sofa, sous les chaises et sous la table ; puis tu sautais de fauteuil en fauteuil. Combien tu paraissais heureuse, quand je te prenais dans mes bras ! Comme tu me léchais les mains et les joues ! Comme tu me caressais ! Oh ! quel chagrin ce serait pour moi de ne plus te revoir ! Ce n'est pas ma faute ; c'est cet étourdi...

SCÈNE II

SÉRAPHINE, EUSTACHE

EUSTACHE, *qui a entendu les derniers mots*. Je vois qu'il est ici question de moi.

SÉRAPHINE. Et de qui serait-ce donc? si tu ne t'étais pas obstiné à la prendre hier en sortant, elle ne serait pas perdue.

EUSTACHE. Cela est vrai, et j'en souffre bien autant que toi. Mais que puis-je y faire à présent?

SÉRAPHINE. Ne t'avais-je pas prié de me la laisser? mais tu ne pouvais faire un pas sans l'avoir sur tes talons.

EUSTACHE. J'en conviens. J'avais tant de plaisir lorsqu'elle m'accompagnait, quand je la voyais aller tantôt devant, tantôt derrière moi! Quelquefois elle s'échappait, comme si je la poursuivais; puis elle revenait de toutes ses jambes se jeter, en caracolant, dans les miennes.

SÉRAPHINE. Tu devais donc y faire plus d'attention.

EUSTACHE. Oui, je l'aurais dû. Mais comme elle était accoutumée à s'éloigner et à revenir d'elle-même, sans que j'eusse besoin de l'appeler, je croyais...

SÉRAPHINE. Tu croyais!... Tu ne doutes jamais de rien, et voilà pourquoi Diane est perdue.

EUSTACHE. Une autre fois, ma sœur, je te promets...

SÉRAPHINE. Oui, une autre fois, quand nous n'avons plus rien à perdre. Je n'ai pu dormir un quart d'heure tranquille de toute la nuit. Il me semblait entendre cette pauvre petite bête m'appeler de loin en jappant. Je courais du côté d'où paraissaient venir ses cris. Je me réveillais, et je me trouvais seule.

EUSTACHE. Cela me fait doublement de la peine, ma petite sœur, en voyant tes regrets. Si je pouvais la revoir pour tout ce que je possède !

SÉRAPHINE. Tu m'affliges encore plus. Mais ne sais-tu pas au moins dans quel endroit tu l'as égarée? on pourrait s'informer chez toutes les personnes du quartier.

EUSTACHE. Je parierais qu'elle m'a suivi jusque dans notre rue et même tout près de la maison. Comme elle va furetant dans toutes les allées, il faut qu'on l'ait retenue en fermant la porte sur elle.

SÉRAPHINE. Oui, je crois que cela est comme tu le dis; car elle serait revenue à son gîte. Elle en sait bien le chemin.

EUSTACHE. Léon, qui était alors avec moi, m'a protesté qu'il l'avait vue un instant avant qu'elle se perdît. C'est lui qui en est cause. Il faisait tellement le mutin dans la rue que j'ai oublié un moment de prendre garde à Diane.

SÉRAPHINE. Il aurait bien dû au moins t'aider à la chercher.

EUSTACHE. C'est ce qu'il a fait aussi tout hier au soir, et encore aujourd'hui de bonne heure. Nous avons parcouru toutes les places et tous les carrefours. Nous avons visité la halle et tous les marchés. Nous sommes allés chez tous nos amis, chez tous les gens de notre connaissance, nous n'en avons eu aucune nouvelle. Je n'ose te regarder, ma sœur. Tu dois être bien en colère contre moi !

SÉRAPHINE, *lui tendant la main.* Je ne suis plus fâchée ; ton intention n'était pas de me faire de la

peine; et tu es toi-même si affligé !
Mais j'entends quelqu'un sur l'es-
calier. Vois qui c'est.

—

SCÈNE III

SÉRAPHINE, EUSTACHE, LÉON

LÉON, *ouvrant la porte*. C'est
moi, c'est moi, mon ami. Bonjour,
Melle Séraphine.

SÉRAPHINE. Bonjour, M. Léon.

LÉON. Je suis à la piste de
Diane, et j'espère bientôt...

SÉRAPHINE. Que dites-vous, la
retrouver?

LÉON. Écoutez un peu. Vous
savez cette vieille qui est au coin
de la rue, et qui vend du pain
d'épice et des marrons?

SÉRAPHINE. Comment ! elle a ma chienne ?

LÉON. Non, non ; c'est une honnête femme, et la meilleure de mes amies. Tu sais bien, Eustache, que Diane voulait aussi, l'autre jour, faire connaissance avec elle en mettant les deux pattes de devant sur la table et en flairant ses biscuits ?

EUSTACHE. Hélas ! oui. Cette gentillesse ne lui réussit guère. Elle n'y gagna qu'un bon coup de gant fourré sur le museau.

SÉRAPHINE. Laissons cela. Achevez, achevez, M. Léon.

LÉON. Eh bien ! tout à l'heure, en allant déjeuner à sa boutique, je lui ai raconté notre malheur.

« Quoi ! m'a-t-elle dit, cette petite doguine ?...

SÉRAPHINE. Doguine ! M. Léon, n'appelez pas ainsi ma Diane, j'aimerais mieux ne pas en entendre parler.

LÉON. Je ne fais que vous rapporter ses paroles ; « Cette petite doguine, m'a-t-elle dit, qui appartient à ce joli petit monsieur qui est de vos amis ? — Oui, lui ai-je répondu. — Eh bien, a-t-elle repris, vous connaissez un autre petit monsieur, qui demeure là-bas, à ce grand balcon : c'est lui qui l'a détournée. »

EUSTACHE. Comment ! ce serait Rufin ?

LÉON. Ne te souviens-tu pas

qu'il était arrêté hier à la boutique de cette vieille, lorsque nous passâmes, et qu'il ne fit pas semblant de nous voir, de peur d'être obligé de nous offrir de ses marrons?

EUSTACHE. Cela est vrai; je me le rappelle à présent.

LEON. Eh bien! lorsque nous fûmes éloignés de quelques pas, il appela Diane qui nous suivait, lui présenta un marron dans lequel il avait mordu, et lorsque la pauvre bête ne songeait qu'à se régaler, il la saisit, la serra sous son bras et l'emporta à sa maison. C'est la bonne femme qui m'a dit tout ce manége.

SÉRAPHINE. O le méchant! Mais enfin nous savons où elle est. Mon frère, tu n'as qu'à y aller tout de suite.

LÉON. Je crains bien qu'il ne l'y trouve plus. Rufin ne l'a prise que pour la vendre, comme il fait de ses livres et de tout ce qu'il peut attraper chez son père. Il est capable de tout. Nous avons joué l'autre jour à la paume; il a triché.

EUSTACHE. Que me dis-tu? J'y cours à l'instant.

LÉON. Tu ne le trouverais pas chez lui. J'en viens : il était sorti.

SÉRAPHINE. Il a peut-être fait dire qu'il n'y était pas.

LÉON. Non. J'ai parcouru toute la maison. J'ai dit à une servante que j'étais venu proposer à son maître une revanche qu'il me doit à la paume, et que j'allais l'attendre chez vous.

SÉRAPHINE. Il n'osera jamais se présenter devant nos yeux, s'il est vrai qu'il ai pris Diane.

LÉON. Oh ! vous ne connaissez pas son effronterie. Il y viendra tout exprès pour détourner les soupçons ; mais je vais vous le démasquer.

SÉRAPHINE. Il faut agir avec prudence, et le questionner adroitement, pour lui faire avouer son secret.

LÉON. Tenez, toute l'adresse est de lui faire voir, au premier mot, qu'il est un fripon et un voleur.

EUSTACHE. Non, non, mon ami, cela ne servirait qu'à faire une querelle ; et mon papa ne veut pas qu'il y en ait dans sa maison. Des paroles de douceur seront peut-être plus propres à le toucher que des reproches violents. Chut ! le voici.

—

SCÈNE IV

SÉRAPHINE, EUSTACHE, LÉON, RUFIN

RUFIN. On m'a dit, Léon, que tu étais venu me demander pour une revanche à la paume. Je suis prêt à te la donner. Ah ! bonjour, Eustache. Votre serviteur très-humble, mademoiselle.

SÉRAPHINE. Vous allez vous divertir, M. Rufin, rien ne vous chagrine ; et nous, nous restons ici à nous désoler. -

RUFIN. Quel est donc le sujet de votre peine ?

SÉRAPHINE. Notre levrette, que nous avons perdue.

RUFIN. Ah ! c'est bien dommage. Elle était gentille vraiment. Le corps gris-de-cendre, la poitrine, les pattes et la queue blanches, avec de petites taches noires par-ci par là. Elle vaut deux louis comme un liard.

SÉRAPHINE. Vous vous la rappelez si bien : ne pourriez-vous pas nous aider à la retrouver ?

RUFIN. Est-ce que je suis inspecteur des chiens? ou m'avez-vous donné le vôtre à garder ?

EUSTACHE. Ma sœur n'a pas voulu te fâcher, mon ami.

SÉRAPHINE. Mon Dieu, non. Ce n'était qu'une petite question d'amitié. Vous demeurez dans notre voisinage. C'est ici tout près qu'elle s'est perdue. J'ai pensé que vous auriez pu nous en donner des nouvelles.

LÉON. Certainement, on ne pouvait pas mieux s'adresser.

RUFIN. Que voulez-vous dire par là, M. Léon ?

LÉON. Ce que vous devez entendre encore mieux que moi-même.

RUFIN. Si ce n'était par considération pour mademoiselle...

LÉON. Rendez-lui grâces vous-même de ce que je ne vous châtie pas de votre impudence.

EUSTACHE, *écartant Léon.* Doucement donc, mon ami, ou notre chienne est perdue.

SÉRAPHINE, *retenant Rufin.* Si, comme vous le dites, vous avez quelque considération pour moi, M. Rufin, faites-moi la grâce de m'écouter attentivement, et de me répondre par un oui ou un non.

LÉON. Et, sans barguiner.

SÉRAPHINE. N'avez-vous point notre levrette? ou ne savez-vous pas où elle est?

RUFIN, *déconcerté.* Moi, moi? votre levrette?

LÉON. Vous vous troublez, vous

l'avez. Aussi bien j'en sais toutes les circonstances. Vous l'avez prise en traître, en l'affriandant d'un marron.

RUFIN.   Qui vous a dit cela?

LÉON.   Qui vous a vu faire.

SÉRAPHINE.   Je vous le demande en grâce, M. Rufin, cela est-il vrai ou faux?

RUFIN.   Et quand j'aurais régalé votre chienne de marrons, quand je l'aurais prise un moment pour la caresser, s'ensuit-il que je l'aie ou que je sache ce qu'elle est devenue?

SÉRAPHINE.   Nous ne le disons pas non plus. Nous vous demandons seulement si vous ne savez pas où elle est en ce moment-ci?

EUSTACHE. Ou si, par espièglerie, tu ne l'aurais pas gardée cette nuit chez toi, pour nous mettre un peu en peine et nous causer ensuite le plus grand plaisir ?

RUFIN. Est-ce que vous prenez ma maison pour une auberge de chiens ?

LÉON. Il faut être bien effronté !

RUFIN. Ce n'est pas à vous que j'ai à faire. Soyez tant qu'il vous plaira l'avocat des levrettes, je n'ai rien à vous répondre.

LÉON. Parce que je vous ai confondu.

SÉRAPHINE. Doucement, M. Léon, il faut que vous vous soyez trompé. Je ne puis soupçonner M. Rufin de tant de bassesse, que s'il avait trouvé notre chienne il voulut la garder.

EUSTACHE. S'il avait perdu quelque chose , et que je pusse lui en donner des indices , je me ferais une joie de les lui procurer. Ainsi il ne doit pas s'offenser de nos questions.

RUFIN. J'en suis très-offensé , et je vais m'en plaindre à votre père.

LÉON. Venez plutôt chez la marchande de marrons qui vous accuse, Je vous y accompagne.

RUFIN. C'est bon à vous de croire les caquets de femmes du peuple , et non à moi.

LÉON. Les femmes du peuple ont des yeux et des oreilles ; et tant qu'il s'agira d'honnêteté , je m'en rapporterai plutôt à elles qu'à vous.

RUFIN. Je ne souffrirai pas cette insulte, et vous me la paierez (*Il sort.*)

—

SCÈNE V

SÉRAPHINE, EUSTACHE, LÉON

LÉON. Voilà un menteur bien impudent! Je gagerais ma tête qu'il a la chienne. N'avez-vous pas vu comme il avait l'air embarrassé quand je lui ai dit positivement qu'il l'avait ?

SÉRAPHINE. Je ne puis le croire encore ; ce serait trop d'audace.

LÉON. Si vous n'aviez pas été

là, je l'aurais un peu secoué par les oreilles.

EUSTACHE. Bon ! il est plus grand que toi de toute la tête.

LÉON. Quand il le serait deux fois plus, je parie qu'il est sans courage. N'avez-vous pas observé qu'il devenait plus impudent à mesure que nous étions plus polis, et qu'il prenait un ton plus honnête à mesure que je lui serrais le bouton ? Mais je vais le suivre, et j'irai lui prendre Diane, en quelque endroit qu'il l'ait mise. (*Il sort.*)

SCÈNE VI

M. DE CALVIÈRES, *entrant d'un autre côté ;* **SÉRAPHINE, EUS-TACHE.**

M. DE CALVIÈRES. Qu'avez-vous donc fait à Rufin ? Il est venu tout échauffé me trouver dans mon appartement. Il se plaint beaucoup de vous et surtout de Léon. Il dit que vous l'accusez de vous avoir dérobé Diane. Est-ce qu'elle est perdue ?

EUSTACHE. Hélas ! oui, mon papa. Je n'ai pas voulu vous le dire, parce que j'espérais à chaque instant la retrouver. C'est moi qui l'ai égarée hier soir.

SÉRAPHINE Ah ! vous ne sauriez imaginer combien je la regrette.

M. DE CALVIÈRES. Heureusement, ce n'est qu'un chien. On fait tous les jours, dans la vie, des pertes plus importantes. Il faut s'accoutumer de bonne heure à les soutenir. (*A Eustache* :) Mais toi, que n'y faisais-tu plus d'attention ?

EUSTACHE. Vous avez raison, mon papa, c'est ma faute. J'aurais dû la laisser à la maison, ou ne pas la perdre de vue, puisque je m'en chargeais. Cela me fait surtout de la peine par rapport à ma sœur, parce que Diane lui apparténait encore plus qu'à moi.

SÉRAPHINE. Oh ! je ne saurais en prendre de l'humeur contre

mon frère. Je lui ai fait quelquefois de la peine sans le vouloir, et il me l'a pardonné.

M. DE CALVIÈRES. Embrasse-moi, ma fille. J'aime à voir que tu sais supporter une contrariété avec courage : mais j'aime surtout à te voir, dans tes chagrins, sans aigreur contre celui qui te les cause. En récompense du sentiment qui t'arrache ce soupir généreux, je te promets, ma fille, une chienne aussi jolie que celle que tu as perdue, si tu ne la retrouves pas. Toutefois, mes enfants, profitez de cet incident et réfléchissez que tout ce que nous possédons sur la terre peut échapper de nos mains avec la même rapidité ; et il est sage de s'accoutumer de bonne heure aux privations les plus sensibles. Mais, pour en revenir à notre premier sujet, vous avez donc maltraité Rufin?

SÉRAPHINE. Ce n'est pas nous, mon papa; nous ne lui avons parlé qu'avec douceur. Léon l'a poussé un peu vivement.

M. DE CALVIÈRES. Et quelle a été sa réponse?

EUSTACHE. Il s'est assez mal défendu. Il a été même tout décontenancé à la première question.

SÉRAPHINE. Mais vous, mon papa, croyez-vous qu'il pût être assez effronté pour nier d'avoir pris ma levrette, s'il l'a effectivement dérobé?

M. DE CALVIÈRES. Je ne puis rien affirmer là-dessus; cependant ce trouble ne vient pas d'une conscience bien pure. Au reste, pour n'avoir rien à nous reprocher au sujet de Diane, il faut la réclamer, dès demain, dans les annonces publiques.

EUSTACHE. Mais, mon papa, si elle est réellement en son pouvoir, ce soin devient inutile.

M. DE CALVIÈRES. Il peut ne pas l'être! Un chien demande à être nourri : et ce n'est pas un animal si petit et si tranquille, qu'on puisse le cacher aux yeux de tout le monde. Il se trouvera peut-être dans sa maison quelqu'un d'assez honnête pour nous en donner des nouvelles. Je ne veux faire aucune démarche auprès de son père ; je connais trop son incivilité. D'ailleurs il est piqué contre moi de ce que je vous ai défendu une liaison étroite avec son fils. Il faut attendre l'effet de notre réclamation.

SÉRAPHINE. J'en espérerais quelque chose, si je pouvais promettre une récompense à celui qui me rapporterait la chienne.

M. DE CALVIÈRES. C'est moi qui me charge de ce point. Viens, Eustache, je vais dans mon cabinet dresser le signalement de Diane ; et tu le porteras au bureau des Petites-Affiches.

—

SECOND ACTE

—

SCÈNE I

EUSTACHE

EUSTACHE, *entrant dans le salon et sautant de joie.* Ma sœur ! ma sœur !

—

SCÈNE II

EUSTACHE, SÉRAPHINE, *accourant d'un autre côté.*

SÉRAPHINE. Qu'est-ce donc ? Te voilà bien joyeux ! Est-ce que Diane est retrouvée !

EUSTACHE. Diane ? Oh ! je suis bien plus heureux ! Tiens, regarde ce que j'ai trouvé au coin de notre porte. (*Il lui donne un étui de bague.*)

SÉRAPHINE, *ouvrant l'étui.* O la belle bague ! Mais la pierre du milieu où est-elle ?

EUSTACHE. Elle s'était apparemment détachée. La voici dans un papier. Regarde ce diamant au grand jour. Vois comme il brille ! Celui de mon papa n'est pas si gros.

SÉRAPHINE. Je plains bien celui qui l'a perdu.

EUSTACHE. C'est encore plus triste que de perdre une levrette.

SÉRAPHINE. Oh ! je ne sais pas. Ma petite Diane était si jolie ! Elle nous aimait tant ! Nous l'avions vu naître. Ah ! quand je pense à la joie que nous avions de la voir profiter tous les jours, de lui faire des caresses, de recevoir les siennes! la plus belle bague à mon doigt ne m'aurait jamais donné tant de plaisir.

EUSTACHE. Mais de cette bague, tu pourrais acheter cent levrettes comme elle.

SÉRAPHINE. Ce ne serait pas la mienne. Celui qui a perdu la bague, en a d'autres peut-être; et moi, je n'avais que ma Diane. Je suis bien plus à plaindre que lui.

EUSTACHE. Elle doit appartenir à un homme riche. Les pauvres n'ont pas de ces bijoux.

SÉRAPHINE. Cependant si c'était un malheureux domestique qui l'eût perdue en la portant au joaillier ! Si c'était le joaillier lui-même ! Le diamant détaché me le fait craindre. Quel malheur ce serait pour ces honnêtes gens !

EUSTACHE.   Tu as raison. Tiens, me voilà à présent tout fâché de ma trouvaille. Il faut aller consulter notre papa. Bon ! le voici qui vient.

—

SCÈNE III

M. DE CALVIÈRES, EUSTACHE, SÉRAPHINE

M. DE CALVIÈRES.   Eh bien ! l'article de ta chienne sera-t-il dans les Affiches de demain ?

EUSTACHE. Mon papa, je ne suis pas encore allé au bureau. Voyez ce qui m'a retenu, c'est une bague que j'ai trouvée. (*Il lui donne l'étui.*)

M. DE CALVIÈRES. Voilà un superbe diamant !

EUSTACHE. N'est-il pas vrai ? il vaut bien la peine qu'on oublie un moment une petite chienne.

M. DE CALVIÈRES. Oui, s'il t'appartenait. Est-ce que tu te proposes de le garder ?

EUSTACHE. Mais si personne ne le réclame ?

M. DE CALVIÈRES. Quelqu'un te l'a-t-il vu ramasser ?

EUSTACHE. Non, mon papa.

SÉRAPHINE. Pour moi, je n'aurais pas de repos avant de savoir à qui il appartient.

EUSTACHE.   Que le maître se montre, la bague ne restera pas sûrement entre mes mains. Fi donc ! ce serait comme si je l'avais volée. Il faut rendre à chacun ce qui est à lui.

M. DE CALVIÈRES.   Tu ne seras peut-être pas alors si joyeux.

EUSTACHE.   Pourquoi donc, mon papa? Je vous avouerai que je n'ai d'abord pensé qu'à mon bonheur de trouver un si beau bijou. Je le regardais déjà comme mon bien. Mais ma sœur m'a fait sentir quelle devait être la peine de celui qui l'a perdu. Je me réjouirai bien plus encore de finir son chagrin que de garder cette bague, qui me ferait rougir toutes les fois que j'y jetterais les yeux.

SÉRAPHINE. Il y a tant de plaisir à soulager ceux qui souffrent! Aussi, je ne puis me figurer que Rufin, ou quelque autre, soit assez méchant pour retenir ma Diane, quand il saura combien je la regrette.

M. DE CALVIÈRES, *les embrassant*, Ames pures et innocentes! O mes enfants! combien je me réjouis d'être votre père! Nourrissez et fortifiez tous les jours dans vos cœurs ces sentiments généreux. Ils feront votre bonheur et celui de vos semblables.

SÉRAPHINE. Vous nous en donnez l'exemple, mon papa, comment pourrions-nous sentir différemment ?

EUSTACHE. Oh ! je vais montrer ma trouvaille à tout le monde ; et je cours faire annoncer tout à la fois, dans les Affiches, que nous avons perdu une levrette et trouvé une bague.

M. DE CALVIÈRES. Doucement, mon fils. Il y a des précautions à prendre. Il pourrait se trouver des gens qui voulussent s'approprier la bague sans qu'elle leur appartînt.

SÉRAPHINE. Oh ! je serais aussi fine qu'eux. Je leur demanderais d'abord comment elle est faite ; et je ne la rendrais qu'à celui qui me le dirait bien exactement.

M. DE CALVIÈRES. Ce moyen n'est pas encore trop sûr. On peut l'avoir vue au doigt de celui qui l'a perdue, et venir ici avant lui la réclamer.

SÉRAPHINE. Je vois que vous en savez plus que nous, mon papa.

M. DE CALVIÈRES. L'objet est d'un assez grand prix pour qu'on fasse toutes les recherches propres à le faire retrouver. Ainsi il faut attendre.

EUSTACHE. Et si l'on ne songe pas à ce moyen?

SÉRAPHINE. Nous y avons pensé pour Diane, on s'en avisera bien pour un diamant.

M. DE CALVIÈRES. En attendant, je le garde entre mes mains, et vous, gardez-vous d'en parler à personne.

—

SCÈNE IV

EUSTACHE, SÉRAPHINE

EUSTACHE. C'est pourtant bien triste de ne pouvoir parler, lorsqu'on a des choses agréables à dire. J'aurais eu tant de plaisir de montrer ma bague à tous les passants !

SÉRAPHINE. Et pourquoi donc, puisque tu ne peux ni ne veux la garder ? Il n'y a pas grand mérite à trouver au pied d'une borne quelque chose de précieux.

EUSTACHE. Cela est vrai ; mais ce que je te dis est bien vrai aussi.

SÉRAPHINE. On reproche aux femmes de ne savoir pas se taire. Voyons qui de nous deux sera le plus discret.

EUSTACHE. De peur que mon secret ne cherche à s'échapper, je vais ne m'occuper que de Diane, et je cours au bureau des Affiches donner son portrait.

SÉRAPHINE. Va, va, mon frère, et ne perds pas un moment. Mais que nous veut Léon ?

—

SCÈNE V

SÉRAPHINE, EUSTACHE, LÉON

LÉON, *à Eustache qui veut sortir.* Où vas-tu donc, mon ami ?

EUSTACHE.   J'ai des affaires très-pressées.

LÉON.   Oh! avant de t'en aller, il faut que tu écoutes une histoire que j'ai à te faire. C'est à mourir de rire. (*Il rit.*) Ha, ha, ha, ha!

EUSTACHE.   Je n'ai pas le temps de m'égayer.

LÉON, *le retenant.*   Oh! tu t'égaieras malgré toi. Ecoute, écoute seulement. Nous sommes bien vengés!

SÉRAPHINE.   Vengés! Et de qui!

LÉON.   De Rufin. Il a perdu la bague de son père. (*Il rit.*) Ha, ha, ha, ha, (*Eustache et Séraphine se regardent d'un air de surprise.*)

SÉRAPHINE. La bague de son père?

LÉON. Oui, vous dis-je. Il la lui avait donnée ce matin à porter au joaillier, pour remettre le diamant du milieu, qui s'était détaché. (*Eustache pousse du coude Séraphine. Elle lui fait signe de se taire.*) Il l'avait encore lorsqu'il est venu ici; mais comme il s'en est allé en trépignant de colère, l'étui de la bague sera tombé de sa poche dans ses mouvements.

SÉRAPHINE. Et l'avez-vous vu depuis sa perte? quel air a-t-il?

LÉON. L'air d'un déterrée.

EUSTACHE. Ah! ma sœur!

SÉRAPHINE , *lui imposant silence.* Ecoute donc jusqu'au bout, mon frère. (*A Léon:*) Son père en est-il instruit?

LÉON.   Il s'est encore jeté dans un nouvel embarras par un gros mensonge. Lorsque son père lui a demandé s'il avait remis la bague au joaillier, il lui a répandu effrontément qu'il l'avait remise.

SÉRAPHINE.   Le pauvre malheureux !

LÉON. Vous le plaignez, je crois?

EUSTACHE. Ah ! il est bien digne de pitié !

LÉON.   De pitié ? j'aurais voulu que vous vissiez comme je me moquais de lui.

SÉRAPHINE.   Que trouviez-vous donc là de plaisant ?

LÉON. Comment ! vous ne le sentez pas ? Il fallait le voir courir de boutique en boutique, pour avoir des nouvelles de sa bague et s'accrocher à tous les passants. Je le suivais pour jouir de son embarras. Il revenait à moi : « Ne l'as-tu pas trouvée ? n'en as-tu rien entendu dire ? — Que m'importe ? lui répondais-je : est-ce que je suis le gardien de vos bagues ? — Si tu savais combien elle vaut ! — Tant mieux pour celui qui l'a trouvée. — Et mon père, que dira-t-il ? — C'est d'un bâton qu'il vous parlera. »

SÉRAPHINE. Fi ! M. Léon, c'est bien cruel de votre part.

LÉON. Il n'a pas eu plus de compassion pour vous.

EUSTACHE. Est-ce qu'il faut être méchant, même envers ceux qui le sont ?

LÉON.   Oh ! la vengeance est douce , et je ne sais pas m'attendrir pour ceux qui m'ont offensé. Si j'avais eu le bonheur de trouver sa bague, il ne l'aurait pas de si tôt.

SÉRAPHINE.   Est-ce que vous la garderiez pour vous ?

LÉON.   Oh ! non ; mais je ne la rendrais que lorsque son père l'aurait bien rossé.

EUSTACHE.   Je ne t'aurais jamais cru si méchant , Léon.

SÉRAPHINE.   Et moi, je ne puis le croire, quoique je l'entende de sa propre bouche. Vous vous intéressiez si vivement à ma pauvre levrette ! Ce n'était donc pas sincère ?

LÉON. C'était du fond de mon cœur. Ceux que j'aime, je les aime bien ; mais, en revanche, je hais bien ceux que je hais.

—

SCÈNE VI

SÉRAPHINE, EUSTACHE, LÉON, RUFIN

LÉON. Ah ! le voici. (*Il rit, en le montrant du doigt.*) Ha, ha, ha !

RUFIN, *pleurant.* Ah ! pour l'amour de Dieu, pardonnez-moi. Je suis le plus méchant, mais aussi le plus malheureux enfant de la terre. Me voilà puni, et bien puni de....

LÉON. Avez-vous fait des placards pour afficher votre bague ?

RUFIN. Je n'ose plus paraître devant mon père, et je ne sais où me cacher,

LÉON. Je gagerais que la bague est allée s'enfiler à la queue de Diane. Nous les trouverons toutes deux à la fois.

RUFIN. J'ai mérité vos moqueries ; mais par pitié...

EUSTACHE. Tranquillisez-vous, M. Rufin, votre bague est ici.

RUFIN, *étonné*. Vous l'avez, vous, ma bague ? (*Lui sautant au cou :*) Ah ! mon ami, tu me rends la vie.

LÉON, *bas à Séraphine*. Il se moque de lui. C'est bien fait.

RUFIN. Mais c'est-il bien vrai ? Oh ! je veux à genoux.... Mais non.... il faut que vous sachiez auparavant toute ma méchanceté.

—

SCÈNE VII

SÉRAPHINE, EUSTACHE, LÉON

SÉRAPHINE. Que veut dire cela ? il s'échappe.

EUSTACHE. Je crains que le pauvre garçon n'ait perdu l'esprit.

LÉON. C'est pourtant un badinage qui peut te coûter cher. S'il va trouver son père, et que celui-ci vienne te demander la bague ?

EUSTACHE. Crois-tu donc que je veuille la retenir ?

LÉON. Réellement, est-ce que tu l'aurais ?

EUSTACHE. Certainement, je l'ai ; autrement je ne l'aurais pas dit. Je l'ai ramassée au coin de notre porte.

LÉON. Oh ! tu es trop bon , en vérité. Il ne méritait pas tant de bonheur. Tu aurais dû au moins le laisser plus longtemps en peine.

SÉRAPHINE. Comment, M. Léon, l'exemple de mon frère ne vous touche pas? Savez-vous bien que vous perdez beaucoup de mon amitié et de celle de mon père ?

—

SCÈNE VIII

M. DE CALVIÈRES, SÉRAPHINE

M. DE CALVIÈRES. Que voulait

donc Rufin? Je l'ai vu, de ma fenêtre, entrer ici tout éploré.

SÉRAPHINE. Le pauvre garçon était à demi mort.

EUSTACHE. C'est lui qui avait perdu la bague que j'ai trouvée. Elle est à son père.

M. DE CALVIÈRES. Lui avez-vous fait sentir l'indignité de sa conduite envers vous?

LÉON. Oh! non, monsieur, non! Il n'a pas été seulement question de Diane. J'aurais du moins exigé qu'il me la fît retrouver. Il n'aurait pas eu sa bague sans cela.

EUSTACHE. Ah! mon cher papa, je n'ai pu prendre cela sur moi. Je voyais Rufin si affligé.

SÉRAPHINE. Quoique j'aime bien Diane, il m'aurait été impossible de m'en occuper dans ce moment. Je ne sentais que la douleur de ce pauvre malheureux.

M. DE CALVIÈRES. Vous vous êtes noblement comportés l'un et l'autre. Vous êtes, mes chers enfants, mes bons amis, toute ma joie et tout mon bonheur. Il n'y a que des âmes basses qui puissent insulter au désespoir d'un ennemi accablé. Mais où est donc Rufin ? pourquoi n'a-t-il pas demandé la bague en s'en allant ?

EUSTACHE. Il était si transporté de joie ! il ne savait ce qu'il faisait.

SÉRAPHINE. Il a couru vers la porte et s'en est allé comme un fou.

EUSTACHE. O mon papa! si vous saviez combien je me réjouis de vous voir approuver ma conduite et celle de ma sœur!

M. DE CALVIÈRES. Pourrais-tu me croire insensible à une action généreuse?

EUSTACHE. C'est que vous m'aviez défendu...

M. DE CALVIÈRES. Je t'avais défendu de parler de la bague indiscrètement; mais je ne t'avais pas dit de la retenir lorsque celui à qui elle appartenait se serait fait connaître.

SCÈNE IX

M. DE CALVIÈRES, SÉRAPHINE, EUSTACHE, LÉON, RUFIN, *qui porte la levrette sous son bras.*

SÉRAPHINE, *avec un cri de joie.* Ah! Diane, Diane!...

RUFIN. Vous voyez combien j'étais coupable et combien peu je méritais votre générosité. Oh! pourrez-vous me pardonner ce vol et mon indigne conduite? (*Apercevant M. de Calvières :*) Ah! monsieur, quel monstre vous avez devant les yeux!

M. DE CALVIÈRES. On cesse de l'être lorsqu'on reconnaît ses fautes, et qu'on cherche, comme vous faites, à les réparer. Voici la bague de monsieur votre père.

RUFIN. Je meurs de honte d'avoir offensé de si braves enfants. Quelle différence entre eux et moi! Comme je suis méchant et comme ils sont généreux !

SÉRAPHINE. Ce n'est qu'une petite espiéglerie de votre part, M. Rufin ; et vous n'auriez pas laissé passer la journée sans me rendre Diane.

RUFIN, Vous pensez trop bien sur mon compte. Je l'avais cachée dans un grenier, et...

M. DE CALVIERES. Nous ne voulons pas en savoir davantage. C'est assez que vous ayez des remords de ce que vous avez fait : vous voyez, par vous-même, que les mauvaises actions nous font des ennemis de Dieu et des hommes, et qu'elles sont tôt ou tard découvertes. J'ose vous proposer pour modèle la conduite de mes enfants. O généreuses petites créatures ! que j'ai de grâces à rendre à Dieu du présent qu'il m'a fait en vous! Vous voyez que la plus noble et la plus sûre vengeance est celle des bienfaits, et qu'il n'est rien de si digne d'un grand cœur qe de répondre à la méchanceté par de bons offices.

RUFIN. Ah ! je le sens moi-même, et c'est avec une vive et amère douleur. (*A Eustache et à Séraphine :*) Me pardonnerez-vous jamais ?

EUSTACHE, *l'embrassant*. Dès ce moment et de toute mon âme.

SÉRAPHINE, *lui tendant la main*. J'ai trouvé ma Diane, tout est oublié.

RUFIN, *à Léon*. Voilà un exemple dont nous serions indignes si nous ne le suivions pas.

LÉON. Oh ! je suis aussi confus que vous, et cette leçon ne sera pas perdue pour moi.

RUFIN. Je viens d'avouer tout à mon père. Autant il était indigné contre moi, autant il a été touché de votre générosité. Il demande la permission de venir vous remercier dans une heure, et de vous apporter un léger gage de sa reconnaissance.

M. DE CALVIÈRES. Non, non, qu'il garde ses présents. Mes enfants, pour faire le bien, n'attendent de récompense que d'eux-mêmes. D'ailleurs, rendre à chacun ce qui lui appartient est un devoir rigoureux et rien de plus.

EUSTACHE. Combien il est doux de remplir ce devoir! je me suis fait un ami pour la vie, n'est-il pas vrai, Rufin?

RUFIN. Si je pouvais répondre à cet honneur! Je vais du moins faire tout ce qui sera en mon pouvoir pour m'en rendre digne.

LÉON. Ne me rejetez pas de votre amitié! je n'étais pas meilleur que Rufin; mais je viens de sentir combien la vengeance peut devenir une noble passion.

SÉRAPHINE, *caressant la levrette.* Ah ! petite volage ! cela t'apprendra une autre fois à t'écarter de tes maîtres. Tu as passé une nuit en prison. Avise-t'en encore pour voir.... Eh bien ! qu'en arriverait il ? Non, non, quoi que tu fasses, je sens bien que je t'aimerai toujours.

— Lille. Typ. J. Lefort, MDCCCLXVI. —

A LA MÊME LIBRAIRIE :

Autres ouvrages du même format et du même prix

Alba, ou l'Hospice de Saint-Julien
L'Auvergnat
Après l'orage, imité de l'allemand
La Bêche de Jacquot
La Bénédiction maternelle
Le Berceau
Le Bon Père
Le Bouquet
La Cassette
Contentement passe richesse
Les Deux Bourses ; suivies de : le Ver luisant
Dévouement, ou le Médecin malgré lui
L'Eau claire et l'Eau trouble
L'Ecuelle de bois ; suivie de : Une martyre
L'Espion domestique
Fuyez le mensonge ; suivi de : Histoire d'un soldat
L'Hirondelle ; suivie de : le Saut-du-Loup
La Linotte
Margarita
Notre-Dame des Petits Enfants
L'Orgueil châtié
Le Petit Chien noir
Le Petit Frédéric
Le Petit Nègre
Quelques Fleurs
Théodore
Le Trésor
Un Bon Cœur fait pardonner bien des fautes
Une Larme de bonheur

— Lille. Typ. L. Lefort. —

www.ingramcontent.com/pod-product-compliance
Lightning Source LLC
LaVergne TN
LVHW022329170726
843503LV00006B/2787